全国人民代表大会常务委员会公报版

中华人民共和国种子法

(最新修正本)

中国民主法制出版社

图书在版编目（CIP）数据

中华人民共和国种子法：最新修正本／全国人大常委会办公厅供稿．—北京：中国民主法制出版社，2022.1

ISBN 978-7-5162-2747-3

Ⅰ.①中… Ⅱ.①全… Ⅲ.①种子法—中国 Ⅳ.①D922.4

中国版本图书馆 CIP 数据核字（2022）第 004823 号

书名／中华人民共和国种子法

出版·发行／中国民主法制出版社
地址／北京市丰台区右安门外玉林里 7 号（100069）
电话／（010）63055259（总编室） 63058068 63057714（营销中心）
传真／（010）63055259
http：//www.npcpub.com
E-mail：mzfz@npcpub.com
经销／新华书店
开本／32 开 850 毫米×1168 毫米
印张／2 **字数**／30 千字
版本／2022 年 1 月第 1 版 2022 年 1 月第 1 次印刷
印刷／三河市宏图印务有限公司

书号／ISBN 978-7-5162-2747-3
定价／8.00 元
出版声明／版权所有，侵权必究。

（如有缺页或倒装，本社负责退换）

目　录

中华人民共和国主席令（第一〇五号）………… （1）

全国人民代表大会常务委员会关于修改
　《中华人民共和国种子法》的决定 …………… （3）
中华人民共和国种子法 ………………………… （9）
关于《中华人民共和国种子法
　（修正草案）》的说明 ………………………… （42）
全国人民代表大会宪法和法律委员会关于
　《中华人民共和国种子法（修正草案）》
　审议结果的报告 ……………………………… （47）
全国人民代表大会宪法和法律委员会关于
　《全国人民代表大会常务委员会关于修改
　〈中华人民共和国种子法〉的决定（草案）》
　修改意见的报告 ……………………………… （52）

中华人民共和国主席令

第一〇五号

《全国人民代表大会常务委员会关于修改〈中华人民共和国种子法〉的决定》已由中华人民共和国第十三届全国人民代表大会常务委员会第三十二次会议于2021年12月24日通过，现予公布，自2022年3月1日起施行。

中华人民共和国主席　习近平

2021年12月24日

全国人民代表大会常务委员会关于修改《中华人民共和国种子法》的决定

(2021年12月24日第十三届全国人民代表大会常务委员会第三十二次会议通过)

第十三届全国人民代表大会常务委员会第三十二次会议决定对《中华人民共和国种子法》作如下修改：

一、将第一条修改为："为了保护和合理利用种质资源，规范品种选育、种子生产经营和管理行为，加强种业科学技术研究，鼓励育种创新，保护植物新品种权，维护种子生产经营者、使用者的合法权益，提高种子质量，发展现代种业，保障国家粮食安全，促进农业和林业的发展，制定本法。"

二、在第九条中的"国家有计划地普查、收集、整理、鉴定、登记、保存、交流和利用种质资源"后增加"重点收集珍稀、濒危、特有资源和特色地方品种"。

三、将第十一条第一款修改为："国家对种质资源享有主权。任何单位和个人向境外提供种质资源，或者与境外机构、个人开展合作研究利用种质资源的，应当报国务院农业农村、林业草原主管部门批准，并同时提交国家共享惠益的方案。国务院农业农村、林业草原主管部门可以委托省、自治区、直辖市人民政府农业农村、林业草原主管部门接收申请材料。国务院农业农村、林业草原主管部门应当将批准情况通报国务院生态环境主管部门。"

四、将第十二条第一款、第二款修改为："国家支持科研院所及高等院校重点开展育种的基础性、前沿性和应用技术研究以及生物育种技术研究，支持常规作物、主要造林树种育种和无性繁殖材料选育等公益性研究。

"国家鼓励种子企业充分利用公益性研究成果，培育具有自主知识产权的优良品种；鼓励种子企业与科研院所及高等院校构建技术研发平台，开展主要粮食作物、重要经济作物育种攻关，建立以市场为导向、利益共享、风险共担的产学研相结合的种业技术创新体系。"

五、将第二十八条修改为："植物新品种权所有人对其授权品种享有排他的独占权。植物新品种权所有人可以将植物新品种权许可他人实施，并按照合同约定收取许可使用费；许可使用费可以采取固定价款、从推广收益中提成等方式收取。

"任何单位或者个人未经植物新品种权所有人许可，不得生产、繁殖和为繁殖而进行处理、许诺销售、销售、进口、出口以及为实施上述行为储存该授权品种的繁殖材料，不得为商业目的将该授权品种的繁殖材料重复使用于生产另一品种的繁殖材料。本法、有关法律、行政法规另有规定的除外。

"实施前款规定的行为，涉及由未经许可使用授权品种的繁殖材料而获得的收获材料的，应当得到植物新品种权所有人的许可；但是，植物新品种权所有人对繁殖材料已有合理机会行使其权利的除外。

"对实质性派生品种实施第二款、第三款规定行为的，应当征得原始品种的植物新品种权所有人的同意。

"实质性派生品种制度的实施步骤和办法由国务院规定。"

六、将第三十一条第一款、第二款修改为："从事种子进出口业务的种子生产经营许可证，由国务院农业农村、林业草原主管部门核发。国务院农业农村、林业草原主管部门可以委托省、自治区、直辖市人民政府农业农村、林业草原主管部门接收申请材料。

"从事主要农作物杂交种子及其亲本种子、林木良种繁殖材料生产经营的,以及符合国务院农业农村主管部门规定条件的实行选育生产经营相结合的农作物种子企业的种子生产经营许可证,由省、自治区、直辖市人民政府农业农村、林业草原主管部门核发。"

七、将第三十四条修改为:"种子生产应当执行种子生产技术规程和种子检验、检疫规程,保证种子符合净度、纯度、发芽率等质量要求和检疫要求。

"县级以上人民政府农业农村、林业草原主管部门应当指导、支持种子生产经营者采用先进的种子生产技术,改进生产工艺,提高种子质量。"

八、删去第三十九条。

九、将第五十三条改为第五十二条,删去其中的"林木种子应当经用种地省、自治区、直辖市人民政府批准"。

十、将第五十八条改为第五十七条,修改为:"从事种子进出口业务的,应当具备种子生产经营许可证;其中,从事农作物种子进出口业务的,还应当按照国家有关规定取得种子进出口许可。

"从境外引进农作物、林木种子的审定权限,农作物种子的进口审批办法,引进转基因植物品种的管理办法,由国务院规定。"

十一、将第六十四条改为第六十三条,修改为:"国家加强种业公益性基础设施建设,保障育种科研设施用地合理需求。

"对优势种子繁育基地内的耕地,划入永久基本农田。优势种子繁育基地由国务院农业农村主管部门商所在省、自治区、直辖市人民政府确定。"

十二、将第七十三条改为第七十二条,将第三款修改为:"侵犯植物新品种权的赔偿数额按照权利人因被侵权所受到的实际损失确定;实际损失难以确定的,可以按照侵权人因侵权所获得的利益确定。权利人的损失或者侵权人获得的利益难以确定的,可以参照该植物新品种权许可使用费的倍数合理确定。故意侵犯植物新品种权,情节严重的,可以在按照上述方法确定数额的一倍以上五倍以下确定赔偿数额。"

将第四款中的"三百万元"修改为"五百万元"。

增加一款,作为第五款:"赔偿数额应当包括权利人为制止侵权行为所支付的合理开支。"

十三、将第七十五条改为第七十四条,将第一款中的"一万元"修改为"二万元","十万元"修改为"二十万元"。

十四、将第七十六条改为第七十五条,将第一款中的"一万元"修改为"二万元","五千元"修改为"一万元","五万元"修改为"十万元"。

十五、将第七十七条改为第七十六条,在第一款中的"第三十三条"后增加"第三十四条"。

第一款增加两项,作为第五项、第六项:"(五)不再具有繁殖种子的隔离和培育条件,或者不再具有无检疫性有害生物的种子生产地点或者县级以上人民政府林业草原主管部门确定的采种林，继续从事种子生产的；

"（六）未执行种子检验、检疫规程生产种子的。"

十六、删去第八十四条。

十七、将第九十二条改为第九十条，增加一项，作为第十项："（十）实质性派生品种是指由原始品种实质性派生，或者由该原始品种的实质性派生品种派生出来的品种，与原始品种有明显区别，并且除派生引起的性状差异外，在表达由原始品种基因型或者基因型组合产生的基本性状方面与原始品种相同。"

十八、将第九十三条改为第九十一条，增加一款，作为第一款："国家加强中药材种质资源保护，支持开展中药材育种科学技术研究。"

十九、将本法中的"农业主管部门"修改为"农业农村主管部门"，"林业主管部门"修改为"林业草原主管部门"，"农业、林业主管部门"修改为"农业农村、林业草原主管部门"。

本决定自 2022 年 3 月 1 日起施行。

《中华人民共和国种子法》根据本决定作相应修改并对条文顺序作相应调整，重新公布。

中华人民共和国种子法

（2000年7月8日第九届全国人民代表大会常务委员会第十六次会议通过　根据2004年8月28日第十届全国人民代表大会常务委员会第十一次会议《关于修改〈中华人民共和国种子法〉的决定》第一次修正　根据2013年6月29日第十二届全国人民代表大会常务委员会第三次会议《关于修改〈中华人民共和国文物保护法〉等十二部法律的决定》第二次修正　2015年11月4日第十二届全国人民代表大会常务委员会第十七次会议修订　根据2021年12月24日第十三届全国人民代表大会常务委员会第三十二次会议《关于修改〈中华人民共和国种子法〉的决定》第三次修正）

目 录

第一章 总 则
第二章 种质资源保护
第三章 品种选育、审定与登记
第四章 新品种保护
第五章 种子生产经营
第六章 种子监督管理
第七章 种子进出口和对外合作
第八章 扶持措施
第九章 法律责任
第十章 附 则

第一章 总 则

第一条 为了保护和合理利用种质资源，规范品种选育、种子生产经营和管理行为，加强种业科学技术研究，鼓励育种创新，保护植物新品种权，维护种子生产经营者、使用者的合法权益，提高种子质量，发展现代种业，保障国家粮食安全，促进农业和林业的发展，制定本法。

第二条 在中华人民共和国境内从事品种选育、种子生产经营和管理等活动，适用本法。

本法所称种子，是指农作物和林木的种植材料或者繁殖材料，包括籽粒、果实、根、茎、苗、芽、叶、花等。

第三条 国务院农业农村、林业草原主管部门分别主管全国农作物种子和林木种子工作；县级以上地方人民政府农业农村、林业草原主管部门分别主管本行政区域内农作物种子和林木种子工作。

各级人民政府及其有关部门应当采取措施，加强种子执法和监督，依法惩处侵害农民权益的种子违法行为。

第四条 国家扶持种质资源保护工作和选育、生产、更新、推广使用良种，鼓励品种选育和种子生产经营相结合，奖励在种质资源保护工作和良种选育、推广等工作中成绩显著的单位和个人。

第五条 省级以上人民政府应当根据科教兴农方针和农业、林业发展的需要制定种业发展规划并组织实施。

第六条 省级以上人民政府建立种子储备制度，主要用于发生灾害时的生产需要及余缺调剂，保障农业和林业生产安全。对储备的种子应当定期检验和更新。种子储备的具体办法由国务院规定。

第七条 转基因植物品种的选育、试验、审定和推广应当进行安全性评价，并采取严格的安全控制措施。国务院农业农村、林业草原主管部门应当加强跟踪监管并及时公告有关转基因植物品种审定和推广的信息。具体办法由国务院规定。

第二章　种质资源保护

第八条　国家依法保护种质资源，任何单位和个人不得侵占和破坏种质资源。

禁止采集或者采伐国家重点保护的天然种质资源。因科研等特殊情况需要采集或者采伐的，应当经国务院或者省、自治区、直辖市人民政府的农业农村、林业草原主管部门批准。

第九条　国家有计划地普查、收集、整理、鉴定、登记、保存、交流和利用种质资源，重点收集珍稀、濒危、特有资源和特色地方品种，定期公布可供利用的种质资源目录。具体办法由国务院农业农村、林业草原主管部门规定。

第十条　国务院农业农村、林业草原主管部门应当建立种质资源库、种质资源保护区或者种质资源保护地。省、自治区、直辖市人民政府农业农村、林业草原主管部门可以根据需要建立种质资源库、种质资源保护区、种质资源保护地。种质资源库、种质资源保护区、种质资源保护地的种质资源属公共资源，依法开放利用。

占用种质资源库、种质资源保护区或者种质资源保护地的，需经原设立机关同意。

第十一条　国家对种质资源享有主权。任何单位和个人向境外提供种质资源，或者与境外机构、个人开展合作研究利用种质资源的，应当报国务院农业农村、林业草原主管部门批准，并同时提交国家共享惠益的方案。国务院农业农村、林业草原主管部门可以委托省、自治区、直辖市人民政府农业农村、林业草原主管部门接收申请材料。国务院农业农村、林业草原主管部门应当将批准情况通报国务院生态环境主管部门。

从境外引进种质资源的，依照国务院农业农村、林业草原主管部门的有关规定办理。

第三章 品种选育、审定与登记

第十二条 国家支持科研院所及高等院校重点开展育种的基础性、前沿性和应用技术研究以及生物育种技术研究，支持常规作物、主要造林树种育种和无性繁殖材料选育等公益性研究。

国家鼓励种子企业充分利用公益性研究成果，培育具有自主知识产权的优良品种；鼓励种子企业与科研院所及高等院校构建技术研发平台，开展主要粮食作物、重要经济作物育种攻关，建立以市场为导向、利益共享、风险共担的产学研相结合的种业技术创新体系。

国家加强种业科技创新能力建设，促进种业科技成果转化，维护种业科技人员的合法权益。

第十三条 由财政资金支持形成的育种发明专利权

和植物新品种权，除涉及国家安全、国家利益和重大社会公共利益的外，授权项目承担者依法取得。

由财政资金支持为主形成的育种成果的转让、许可等应当依法公开进行，禁止私自交易。

第十四条 单位和个人因林业草原主管部门为选育林木良种建立测定林、试验林、优树收集区、基因库等而减少经济收入的，批准建立的林业草原主管部门应当按照国家有关规定给予经济补偿。

第十五条 国家对主要农作物和主要林木实行品种审定制度。主要农作物品种和主要林木品种在推广前应当通过国家级或者省级审定。由省、自治区、直辖市人民政府林业草原主管部门确定的主要林木品种实行省级审定。

申请审定的品种应当符合特异性、一致性、稳定性要求。

主要农作物品种和主要林木品种的审定办法由国务院农业农村、林业草原主管部门规定。审定办法应当体现公正、公开、科学、效率的原则，有利于产量、品质、抗性等的提高与协调，有利于适应市场和生活消费需要的品种的推广。在制定、修改审定办法时，应当充分听取育种者、种子使用者、生产经营者和相关行业代表意见。

第十六条 国务院和省、自治区、直辖市人民政府的农业农村、林业草原主管部门分别设立由专业人员组成的农作物品种和林木品种审定委员会。品种审定委员会承担主要农作物品种和主要林木品种的审定工作，建立包括申请文件、品种审定试验数据、种子样品、审定意见和审定结论等内容的审定档案，保证可追溯。在审定通过的品种依法公布的相关信息中应当包括审定意见情况，接受监督。

品种审定实行回避制度。品种审定委员会委员、工作人员及相关测试、试验人员应当忠于职守，公正廉洁。对单位和个人举报或者监督检查发现的上述人员的违法行为，省级以上人民政府农业农村、林业草原主管部门和有关机关应当及时依法处理。

第十七条 实行选育生产经营相结合，符合国务院农业农村、林业草原主管部门规定条件的种子企业，对其自主研发的主要农作物品种、主要林木品种可以按照审定办法自行完成试验，达到审定标准的，品种审定委员会应当颁发审定证书。种子企业对试验数据的真实性负责，保证可追溯，接受省级以上人民政府农业农村、林业草原主管部门和社会的监督。

第十八条 审定未通过的农作物品种和林木品种，申请人有异议的，可以向原审定委员会或者国家级审定委员会申请复审。

第十九条 通过国家级审定的农作物品种和林木良种由国务院农业农村、林业草原主管部门公告，可以在全国适宜的生态区域推广。通过省级审定的农作物品种和林木良种由省、自治区、直辖市人民政府农业农村、林业草原主管部门公告，可以在本行政区域内适宜的生态区域推广；其他省、自治区、直辖市属于同一适宜生态区的地域引种农作物品种、林木良种的，引种者应当将引种的品种和区域报所在省、自治区、直辖市人民政府农业农村、林业草原主管部门备案。

引种本地区没有自然分布的林木品种，应当按照国家引种标准通过试验。

第二十条 省、自治区、直辖市人民政府农业农村、林业草原主管部门应当完善品种选育、审定工作的区域协作机制，促进优良品种的选育和推广。

第二十一条 审定通过的农作物品种和林木良种出现不可克服的严重缺陷等情形不宜继续推广、销售的，经原审定委员会审核确认后，撤销审定，由原公告部门发布公告，停止推广、销售。

第二十二条 国家对部分非主要农作物实行品种登记制度。列入非主要农作物登记目录的品种在推广前应当登记。

实行品种登记的农作物范围应当严格控制，并根据保护生物多样性、保证消费安全和用种安全的原则确定。登记目录由国务院农业农村主管部门制定和调整。

申请者申请品种登记应当向省、自治区、直辖市人民政府农业农村主管部门提交申请文件和种子样品，并对其真实性负责，保证可追溯，接受监督检查。申请文件包括品种的种类、名称、来源、特性、育种过程以及特异性、一致性、稳定性测试报告等。

省、自治区、直辖市人民政府农业农村主管部门自受理品种登记申请之日起二十个工作日内，对申请者提交的申请文件进行书面审查，符合要求的，报国务院农业农村主管部门予以登记公告。

对已登记品种存在申请文件、种子样品不实的，由国务院农业农村主管部门撤销该品种登记，并将该申请者的违法信息记入社会诚信档案，向社会公布；给种子使用者和其他种子生产经营者造成损失的，依法承担赔偿责任。

对已登记品种出现不可克服的严重缺陷等情形的，由国务院农业农村主管部门撤销登记，并发布公告，停止推广。

非主要农作物品种登记办法由国务院农业农村主管部门规定。

第二十三条 应当审定的农作物品种未经审定的，不得发布广告、推广、销售。

应当审定的林木品种未经审定通过的，不得作为良种推广、销售，但生产确需使用的，应当经林木品种审定委员会认定。

应当登记的农作物品种未经登记的，不得发布广告、推广，不得以登记品种的名义销售。

第二十四条 在中国境内没有经常居所或者营业场

所的境外机构、个人在境内申请品种审定或者登记的，应当委托具有法人资格的境内种子企业代理。

第四章　新品种保护

第二十五条　国家实行植物新品种保护制度。对国家植物品种保护名录内经过人工选育或者发现的野生植物加以改良，具备新颖性、特异性、一致性、稳定性和适当命名的植物品种，由国务院农业农村、林业草原主管部门授予植物新品种权，保护植物新品种权所有人的合法权益。植物新品种权的内容和归属、授予条件、申请和受理、审查与批准，以及期限、终止和无效等依照本法、有关法律和行政法规规定执行。

国家鼓励和支持种业科技创新、植物新品种培育及成果转化。取得植物新品种权的品种得到推广应用的，育种者依法获得相应的经济利益。

第二十六条　一个植物新品种只能授予一项植物新品种权。两个以上的申请人分别就同一个品种申请植物新品种权的，植物新品种权授予最先申请的人；同时申请的，植物新品种权授予最先完成该品种育种的人。

对违反法律，危害社会公共利益、生态环境的植物新品种，不授予植物新品种权。

第二十七条　授予植物新品种权的植物新品种名称，应当与相同或者相近的植物属或者种中已知品种的名称相区别。该名称经授权后即为该植物新品种的通用名称。

下列名称不得用于授权品种的命名：

（一）仅以数字表示的；

（二）违反社会公德的；

（三）对植物新品种的特征、特性或者育种者身份等容易引起误解的。

同一植物品种在申请新品种保护、品种审定、品种登记、推广、销售时只能使用同一个名称。生产推广、销售的种子应当与申请植物新品种保护、品种审定、品种登记时提供的样品相符。

第二十八条 植物新品种权所有人对其授权品种享有排他的独占权。植物新品种权所有人可以将植物新品种权许可他人实施，并按照合同约定收取许可使用费；许可使用费可以采取固定价款、从推广收益中提成等方式收取。

任何单位或者个人未经植物新品种权所有人许可，不得生产、繁殖和为繁殖而进行处理、许诺销售、销售、进口、出口以及为实施上述行为储存该授权品种的繁殖材料，不得为商业目的将该授权品种的繁殖材料重复使用于生产另一品种的繁殖材料。本法、有关法律、行政法规另有规定的除外。

实施前款规定的行为，涉及由未经许可使用授权品种的繁殖材料而获得的收获材料的，应当得到植物新品种权所有人的许可;但是,植物新品种权所有人对繁殖材料已有合理机会行使其权利的除外。

对实质性派生品种实施第二款、第三款规定行为的,应当征得原始品种的植物新品种权所有人的同意。

实质性派生品种制度的实施步骤和办法由国务院规定。

第二十九条 在下列情况下使用授权品种的,可以不经植物新品种权所有人许可,不向其支付使用费,但不得侵犯植物新品种权所有人依照本法、有关法律、行政法规享有的其他权利:

(一)利用授权品种进行育种及其他科研活动;

(二)农民自繁自用授权品种的繁殖材料。

第三十条 为了国家利益或者社会公共利益,国务院农业农村、林业草原主管部门可以作出实施植物新品种权强制许可的决定,并予以登记和公告。

取得实施强制许可的单位或者个人不享有独占的实施权,并且无权允许他人实施。

第五章 种子生产经营

第三十一条 从事种子进出口业务的种子生产经营许可证,由国务院农业农村、林业草原主管部门核发。国务院农业农村、林业草原主管部门可以委托省、自治区、直辖市人民政府农业农村、林业草原主管部门接收申请材料。

从事主要农作物杂交种子及其亲本种子、林木良种繁殖材料生产经营的，以及符合国务院农业农村主管部门规定条件的实行选育生产经营相结合的农作物种子企业的种子生产经营许可证，由省、自治区、直辖市人民政府农业农村、林业草原主管部门核发。

前两款规定以外的其他种子的生产经营许可证，由生产经营者所在地县级以上地方人民政府农业农村、林业草原主管部门核发。

只从事非主要农作物种子和非主要林木种子生产的，不需要办理种子生产经营许可证。

第三十二条 申请取得种子生产经营许可证的，应当具有与种子生产经营相适应的生产经营设施、设备及专业技术人员，以及法规和国务院农业农村、林业草原主管部门规定的其他条件。

从事种子生产的，还应当同时具有繁殖种子的隔离和培育条件，具有无检疫性有害生物的种子生产地点或者县级以上人民政府林业草原主管部门确定的采种林。

申请领取具有植物新品种权的种子生产经营许可证的，应当征得植物新品种权所有人的书面同意。

第三十三条 种子生产经营许可证应当载明生产经营者名称、地址、法定代表人、生产种子的品种、地点和种子经营的范围、有效期限、有效区域等事项。

前款事项发生变更的，应当自变更之日起三十日内,向原核发许可证机关申请变更登记。

除本法另有规定外,禁止任何单位和个人无种子生产经营许可证或者违反种子生产经营许可证的规定生产、经营种子。禁止伪造、变造、买卖、租借种子生产经营许可证。

第三十四条 种子生产应当执行种子生产技术规程和种子检验、检疫规程,保证种子符合净度、纯度、发芽率等质量要求和检疫要求。

县级以上人民政府农业农村、林业草原主管部门应当指导、支持种子生产经营者采用先进的种子生产技术,改进生产工艺,提高种子质量。

第三十五条 在林木种子生产基地内采集种子的,由种子生产基地的经营者组织进行,采集种子应当按照国家有关标准进行。

禁止抢采掠青、损坏母树,禁止在劣质林内、劣质母树上采集种子。

第三十六条 种子生产经营者应当建立和保存包括种子来源、产地、数量、质量、销售去向、销售日期和有关责任人员等内容的生产经营档案,保证可追溯。种子生产经营档案的具体载明事项,种子生产经营档案及种子样品的保存期限由国务院农业农村、林业草原主管部门规定。

第三十七条 农民个人自繁自用的常规种子有剩余的,可以在当地集贸市场上出售、串换,不需要办理种子生产经营许可证。

第三十八条 种子生产经营许可证的有效区域由发证机关在其管辖范围内确定。种子生产经营者在种子生产经营许可证载明的有效区域设立分支机构的,专门经营不再分装的包装种子的,或者受具有种子生产经营许可证的种子生产经营者以书面委托生产、代销其种子的,不需要办理种子生产经营许可证,但应当向当地农业农村、林业草原主管部门备案。

实行选育生产经营相结合,符合国务院农业农村、林业草原主管部门规定条件的种子企业的生产经营许可证的有效区域为全国。

第三十九条 销售的种子应当加工、分级、包装。但是不能加工、包装的除外。

大包装或者进口种子可以分装;实行分装的,应当标注分装单位,并对种子质量负责。

第四十条 销售的种子应当符合国家或者行业标准,附有标签和使用说明。标签和使用说明标注的内容应当与销售的种子相符。种子生产经营者对标注内容的真实性和种子质量负责。

标签应当标注种子类别、品种名称、品种审定或者登记编号、品种适宜种植区域及季节、生产经营者及注册地、质量指标、检疫证明编号、种子生产经营许可证编号和信息代码,以及国务院农业农村、林业草原主管部门规定的其他事项。

销售授权品种种子的，应当标注品种权号。

销售进口种子的，应当附有进口审批文号和中文标签。

销售转基因植物品种种子的，必须用明显的文字标注，并应当提示使用时的安全控制措施。

种子生产经营者应当遵守有关法律、法规的规定，诚实守信，向种子使用者提供种子生产者信息、种子的主要性状、主要栽培措施、适应性等使用条件的说明、风险提示与有关咨询服务，不得作虚假或者引人误解的宣传。

任何单位和个人不得非法干预种子生产经营者的生产经营自主权。

第四十一条 种子广告的内容应当符合本法和有关广告的法律、法规的规定，主要性状描述等应当与审定、登记公告一致。

第四十二条 运输或者邮寄种子应当依照有关法律、行政法规的规定进行检疫。

第四十三条 种子使用者有权按照自己的意愿购买种子，任何单位和个人不得非法干预。

第四十四条 国家对推广使用林木良种造林给予扶持。国家投资或者国家投资为主的造林项目和国有林业单位造林，应当根据林业草原主管部门制定的计划使用林木良种。

第四十五条 种子使用者因种子质量问题或者因种

子的标签和使用说明标注的内容不真实，遭受损失的，种子使用者可以向出售种子的经营者要求赔偿，也可以向种子生产者或者其他经营者要求赔偿。赔偿额包括购种价款、可得利益损失和其他损失。属于种子生产者或者其他经营者责任的，出售种子的经营者赔偿后，有权向种子生产者或者其他经营者追偿；属于出售种子的经营者责任的，种子生产者或者其他经营者赔偿后，有权向出售种子的经营者追偿。

第六章　种子监督管理

第四十六条　农业农村、林业草原主管部门应当加强对种子质量的监督检查。种子质量管理办法、行业标准和检验方法，由国务院农业农村、林业草原主管部门制定。

农业农村、林业草原主管部门可以采用国家规定的快速检测方法对生产经营的种子品种进行检测，检测结果可以作为行政处罚依据。被检查人对检测结果有异议的，可以申请复检，复检不得采用同一检测方法。因检测结果错误给当事人造成损失的，依法承担赔偿责任。

第四十七条　农业农村、林业草原主管部门可以委托种子质量检验机构对种子质量进行检验。

承担种子质量检验的机构应当具备相应的检测条件、能力，并经省级以上人民政府有关主管部门考核合格。

种子质量检验机构应当配备种子检验员。种子检验员应当具有中专以上有关专业学历，具备相应的种子检验技术能力和水平。

第四十八条 禁止生产经营假、劣种子。农业农村、林业草原主管部门和有关部门依法打击生产经营假、劣种子的违法行为，保护农民合法权益，维护公平竞争的市场秩序。

下列种子为假种子：

（一）以非种子冒充种子或者以此种品种种子冒充其他品种种子的；

（二）种子种类、品种与标签标注的内容不符或者没有标签的。

下列种子为劣种子：

（一）质量低于国家规定标准的；

（二）质量低于标签标注指标的；

（三）带有国家规定的检疫性有害生物的。

第四十九条 农业农村、林业草原主管部门是种子行政执法机关。种子执法人员依法执行公务时应当出示行政执法证件。农业农村、林业草原主管部门依法履行种子监督检查职责时，有权采取下列措施：

（一）进入生产经营场所进行现场检查；

（二）对种子进行取样测试、试验或者检验；

（三）查阅、复制有关合同、票据、账簿、生产经营档案及其他有关资料；

（四）查封、扣押有证据证明违法生产经营的种子，以及用于违法生产经营的工具、设备及运输工具等；

（五）查封违法从事种子生产经营活动的场所。

农业农村、林业草原主管部门依照本法规定行使职权，当事人应当协助、配合，不得拒绝、阻挠。

农业农村、林业草原主管部门所属的综合执法机构或者受其委托的种子管理机构，可以开展种子执法相关工作。

第五十条 种子生产经营者依法自愿成立种子行业协会，加强行业自律管理，维护成员合法权益，为成员和行业发展提供信息交流、技术培训、信用建设、市场营销和咨询等服务。

第五十一条 种子生产经营者可自愿向具有资质的认证机构申请种子质量认证。经认证合格的，可以在包装上使用认证标识。

第五十二条 由于不可抗力原因，为生产需要必须使用低于国家或者地方规定标准的农作物种子的，应当经用种地县级以上地方人民政府批准。

第五十三条 从事品种选育和种子生产经营以及管理的单位和个人应当遵守有关植物检疫法律、行政法规的规定，防止植物危险性病、虫、杂草及其他有害生物的传播和蔓延。

禁止任何单位和个人在种子生产基地从事检疫性有害生物接种试验。

第五十四条 省级以上人民政府农业农村、林业草原主管部门应当在统一的政府信息发布平台上发布品种审定、品种登记、新品种保护、种子生产经营许可、监督管理等信息。

国务院农业农村、林业草原主管部门建立植物品种标准样品库，为种子监督管理提供依据。

第五十五条 农业农村、林业草原主管部门及其工作人员，不得参与和从事种子生产经营活动。

第七章　种子进出口和对外合作

第五十六条 进口种子和出口种子必须实施检疫，防止植物危险性病、虫、杂草及其他有害生物传入境内和传出境外，具体检疫工作按照有关植物进出境检疫法律、行政法规的规定执行。

第五十七条 从事种子进出口业务的，应当具备种子生产经营许可证；其中，从事农作物种子进出口业务的，还应当按照国家有关规定取得种子进出口许可。

从境外引进农作物、林木种子的审定权限，农作物种子的进口审批办法，引进转基因植物品种的管理办法，由国务院规定。

第五十八条 进口种子的质量，应当达到国家标准或者行业标准。没有国家标准或者行业标准的，可以按照合同约定的标准执行。

第五十九条 为境外制种进口种子的，可以不受本法第五十七条第一款的限制，但应当具有对外制种合同，进口的种子只能用于制种，其产品不得在境内销售。

从境外引进农作物或者林木试验用种，应当隔离栽培，收获物也不得作为种子销售。

第六十条 禁止进出口假、劣种子以及属于国家规定不得进出口的种子。

第六十一条 国家建立种业国家安全审查机制。境外机构、个人投资、并购境内种子企业，或者与境内科研院所、种子企业开展技术合作，从事品种研发、种子生产经营的审批管理依照有关法律、行政法规的规定执行。

第八章　扶持措施

第六十二条 国家加大对种业发展的支持。对品种选育、生产、示范推广、种质资源保护、种子储备以及制种大县给予扶持。

国家鼓励推广使用高效、安全制种采种技术和先进适用的制种采种机械，将先进适用的制种采种机械纳入农机具购置补贴范围。

国家积极引导社会资金投资种业。

第六十三条　国家加强种业公益性基础设施建设，保障育种科研设施用地合理需求。

对优势种子繁育基地内的耕地，划入永久基本农田。优势种子繁育基地由国务院农业农村主管部门商所在省、自治区、直辖市人民政府确定。

第六十四条　对从事农作物和林木品种选育、生产的种子企业，按照国家有关规定给予扶持。

第六十五条　国家鼓励和引导金融机构为种子生产经营和收储提供信贷支持。

第六十六条　国家支持保险机构开展种子生产保险。省级以上人民政府可以采取保险费补贴等措施，支持发展种业生产保险。

第六十七条　国家鼓励科研院所及高等院校与种子企业开展育种科技人员交流，支持本单位的科技人员到种子企业从事育种成果转化活动；鼓励育种科研人才创新创业。

第六十八条　国务院农业农村、林业草原主管部门和异地繁育种子所在地的省、自治区、直辖市人民政府应当加强对异地繁育种子工作的管理和协调，交通运输部门应当优先保证种子的运输。

第九章　法律责任

第六十九条　农业农村、林业草原主管部门不依法作出行政许可决定，发现违法行为或者接到对违法行为的举报不予查处，或者有其他未依照本法规定履行职责的行为的，由本级人民政府或者上级人民政府有关部门责令改正，对负有责任的主管人员和其他直接责任人员依法给予处分。

违反本法第五十五条规定，农业农村、林业草原主管部门工作人员从事种子生产经营活动的，依法给予处分。

第七十条 违反本法第十六条规定，品种审定委员会委员和工作人员不依法履行职责，弄虚作假、徇私舞弊的，依法给予处分；自处分决定作出之日起五年内不得从事品种审定工作。

第七十一条 品种测试、试验和种子质量检验机构伪造测试、试验、检验数据或者出具虚假证明的，由县级以上人民政府农业农村、林业草原主管部门责令改正，对单位处五万元以上十万元以下罚款，对直接负责的主管人员和其他直接责任人员处一万元以上五万元以下罚款；有违法所得的，并处没收违法所得；给种子使用者和其他种子生产经营者造成损失的，与种子生产经营者承担连带责任；情节严重的，由省级以上人民政府有关主管部门取消种子质量检验资格。

第七十二条 违反本法第二十八条规定，有侵犯植物新品种权行为的，由当事人协商解决，不愿协商或者协商不成的，植物新品种权所有人或者利害关系人可以请求县级以上人民政府农业农村、林业草原主管部门进行处理，也可以直接向人民法院提起诉讼。

县级以上人民政府农业农村、林业草原主管部门，根据当事人自愿的原则，对侵犯植物新品种权所造成的损害赔偿可以进行调解。调解达成协议的，当事人应当履行；当事人不履行协议或者调解未达成协议的，植物新品种权所有人或者利害关系人可以依法向人民法院提起诉讼。

侵犯植物新品种权的赔偿数额按照权利人因被侵权所受到的实际损失确定；实际损失难以确定的，可以按照侵权人因侵权所获得的利益确定。权利人的损失或者侵权人获得的利益难以确定的，可以参照该植物新品种权许可使用费的倍数合理确定。故意侵犯植物新品种权，情节严重的，可以在按照上述方法确定数额的一倍以上五倍以下确定赔偿数额。

权利人的损失、侵权人获得的利益和植物新品种权许可使用费均难以确定的，人民法院可以根据植物新品种权的类型、侵权行为的性质和情节等因素，确定给予五百万元以下的赔偿。

赔偿数额应当包括权利人为制止侵权行为所支付的合理开支。

县级以上人民政府农业农村、林业草原主管部门处理侵犯植物新品种权案件时，为了维护社会公共利益，责令侵权人停止侵权行为，没收违法所得和种子；货值金额不足五万元的,并处一万元以上二十五万元以下罚款;货值金额五万元以上的,并处货值金额五倍以上十倍以下罚款。

假冒授权品种的,由县级以上人民政府农业农村、林业草原主管部门责令停止假冒行为,没收违法所得和种子;货值金额不足五万元的,并处一万元以上二十五万元以下罚款;货值金额五万元以上的,并处货值金额五倍以上十倍以下罚款。

第七十三条 当事人就植物新品种的申请权和植物新品种权的权属发生争议的,可以向人民法院提起诉讼。

第七十四条 违反本法第四十八条规定,生产经营假种子的,由县级以上人民政府农业农村、林业草原主管部门责令停止生产经营,没收违法所得和种子,吊销种子生产经营许可证;违法生产经营的货值金额不足二万元的,并处二万元以上二十万元以下罚款;货值金额二万元以上的,并处货值金额十倍以上二十倍以下罚款。

因生产经营假种子犯罪被判处有期徒刑以上刑罚的,种子企业或者其他单位的法定代表人、直接负责的主管人员自刑罚执行完毕之日起五年内不得担任种子企业的法定代表人、高级管理人员。

第七十五条 违反本法第四十八条规定,生产经营劣种子的,由县级以上人民政府农业农村、林业草原主管部门责令停止生产经营，没收违法所得和种子；违法生产经营的货值金额不足二万元的，并处一万元以上十万元以下罚款；货值金额二万元以上的，并处货值金额五倍以上十倍以下罚款；情节严重的，吊销种子生产经营许可证。

因生产经营劣种子犯罪被判处有期徒刑以上刑罚的，种子企业或者其他单位的法定代表人、直接负责的主管人员自刑罚执行完毕之日起五年内不得担任种子企业的法定代表人、高级管理人员。

第七十六条 违反本法第三十二条、第三十三条、第三十四条规定，有下列行为之一的，由县级以上人民政府农业农村、林业草原主管部门责令改正，没收违法所得和种子；违法生产经营的货值金额不足一万元的，并处三千元以上三万元以下罚款；货值金额一万元以上的，并处货值金额三倍以上五倍以下罚款；可以吊销种子生产经营许可证：

（一）未取得种子生产经营许可证生产经营种子的；

（二）以欺骗、贿赂等不正当手段取得种子生产经营许可证的；

（三）未按照种子生产经营许可证的规定生产经营种子的；

（四）伪造、变造、买卖、租借种子生产经营许可证的；

（五）不再具有繁殖种子的隔离和培育条件，或者不再具有无检疫性有害生物的种子生产地点或者县级以上人民政府林业草原主管部门确定的采种林，继续从事种子生产的；

（六）未执行种子检验、检疫规程生产种子的。

被吊销种子生产经营许可证的单位，其法定代表人、直接负责的主管人员自处罚决定作出之日起五年内不得担任种子企业的法定代表人、高级管理人员。

第七十七条 违反本法第二十一条、第二十二条、第二十三条规定，有下列行为之一的，由县级以上人民政府农业农村、林业草原主管部门责令停止违法行为，没收违法所得和种子，并处二万元以上二十万元以下罚款：

（一）对应当审定未经审定的农作物品种进行推广、销售的；

（二）作为良种推广、销售应当审定未经审定的林木品种的；

（三）推广、销售应当停止推广、销售的农作物品种或者林木良种的；

（四）对应当登记未经登记的农作物品种进行推广，或者以登记品种的名义进行销售的；

（五）对已撤销登记的农作物品种进行推广，或者以登记品种的名义进行销售的。

违反本法第二十三条、第四十一条规定，对应当审定未经审定或者应当登记未经登记的农作物品种发布广告,或者广告中有关品种的主要性状描述的内容与审定、登记公告不一致的,依照《中华人民共和国广告法》的有关规定追究法律责任。

第七十八条 违反本法第五十七条、第五十九条、第六十条规定,有下列行为之一的,由县级以上人民政府农业农村、林业草原主管部门责令改正,没收违法所得和种子;违法生产经营的货值金额不足一万元的,并处三千元以上三万元以下罚款;货值金额一万元以上的,并处货值金额三倍以上五倍以下罚款;情节严重的,吊销种子生产经营许可证:

(一) 未经许可进出口种子的;

(二) 为境外制种的种子在境内销售的;

(三) 从境外引进农作物或者林木种子进行引种试验的收获物作为种子在境内销售的;

(四) 进出口假、劣种子或者属于国家规定不得进出口的种子的。

第七十九条 违反本法第三十六条、第三十八条、第三十九条、第四十条规定,有下列行为之一的,由县级以上人民政府农业农村、林业草原主管部门责令改正,处二千元以上二万元以下罚款:

(一) 销售的种子应当包装而没有包装的;

(二) 销售的种子没有使用说明或者标签内容不符合规定的;

（三）涂改标签的；

（四）未按规定建立、保存种子生产经营档案的；

（五）种子生产经营者在异地设立分支机构、专门经营不再分装的包装种子或者受委托生产、代销种子，未按规定备案的。

第八十条 违反本法第八条规定，侵占、破坏种质资源，私自采集或者采伐国家重点保护的天然种质资源的，由县级以上人民政府农业农村、林业草原主管部门责令停止违法行为，没收种质资源和违法所得，并处五千元以上五万元以下罚款；造成损失的，依法承担赔偿责任。

第八十一条 违反本法第十一条规定，向境外提供或者从境外引进种质资源，或者与境外机构、个人开展合作研究利用种质资源的，由国务院或者省、自治区、直辖市人民政府的农业农村、林业草原主管部门没收种质资源和违法所得，并处二万元以上二十万元以下罚款。

未取得农业农村、林业草原主管部门的批准文件携带、运输种质资源出境的，海关应当将该种质资源扣留，并移送省、自治区、直辖市人民政府农业农村、林业草原主管部门处理。

第八十二条 违反本法第三十五条规定，抢采掠青、损坏母树或者在劣质林内、劣质母树上采种的，由县级以上人民政府林业草原主管部门责令停止采种行为,没收所采种子,并处所采种子货值金额二倍以上五倍以下罚款。

第八十三条 违反本法第十七条规定,种子企业有造假行为的,由省级以上人民政府农业农村、林业草原主管部门处一百万元以上五百万元以下罚款;不得再依照本法第十七条的规定申请品种审定;给种子使用者和其他种子生产经营者造成损失的,依法承担赔偿责任。

第八十四条 违反本法第四十四条规定,未根据林业草原主管部门制定的计划使用林木良种的,由同级人民政府林业草原主管部门责令限期改正;逾期未改正的,处三千元以上三万元以下罚款。

第八十五条 违反本法第五十三条规定,在种子生产基地进行检疫性有害生物接种试验的,由县级以上人民政府农业农村、林业草原主管部门责令停止试验,处五千元以上五万元以下罚款。

第八十六条 违反本法第四十九条规定,拒绝、阻挠农业农村、林业草原主管部门依法实施监督检查的,处二千元以上五万元以下罚款,可以责令停产停业整顿;构成违反治安管理行为的,由公安机关依法给予治安管理处罚。

第八十七条 违反本法第十三条规定,私自交易育种成果,给本单位造成经济损失的,依法承担赔偿责任。

第八十八条 违反本法第四十三条规定,强迫种子使用者违背自己的意愿购买、使用种子，给使用者造成损失的，应当承担赔偿责任。

第八十九条 违反本法规定，构成犯罪的，依法追究刑事责任。

第十章 附 则

第九十条 本法下列用语的含义是：

（一）种质资源是指选育植物新品种的基础材料，包括各种植物的栽培种、野生种的繁殖材料以及利用上述繁殖材料人工创造的各种植物的遗传材料。

（二）品种是指经过人工选育或者发现并经过改良，形态特征和生物学特性一致，遗传性状相对稳定的植物群体。

（三）主要农作物是指稻、小麦、玉米、棉花、大豆。

（四）主要林木由国务院林业草原主管部门确定并公布；省、自治区、直辖市人民政府林业草原主管部门可以在国务院林业草原主管部门确定的主要林木之外确定其他八种以下的主要林木。

（五）林木良种是指通过审定的主要林木品种，在一定的区域内，其产量、适应性、抗性等方面明显优于当前主栽材料的繁殖材料和种植材料。

（六）新颖性是指申请植物新品种权的品种在申请

日前，经申请权人自行或者同意销售、推广其种子，在中国境内未超过一年；在境外，木本或者藤本植物未超过六年，其他植物未超过四年。

本法施行后新列入国家植物品种保护名录的植物的属或者种，从名录公布之日起一年内提出植物新品种权申请的，在境内销售、推广该品种种子未超过四年的，具备新颖性。

除销售、推广行为丧失新颖性外，下列情形视为已丧失新颖性：

1. 品种经省、自治区、直辖市人民政府农业农村、林业草原主管部门依据播种面积确认已经形成事实扩散的；

2. 农作物品种已审定或者登记两年以上未申请植物新品种权的。

（七）特异性是指一个植物品种有一个以上性状明显区别于已知品种。

（八）一致性是指一个植物品种的特性除可预期的自然变异外，群体内个体间相关的特征或者特性表现一致。

（九）稳定性是指一个植物品种经过反复繁殖后或者在特定繁殖周期结束时，其主要性状保持不变。

（十）实质性派生品种是指由原始品种实质性派生，或者由该原始品种的实质性派生品种派生出来的品种，与原始品种有明显区别，并且除派生引起的性状差异外，在表达由原始品种基因型或者基因型组合产生的基本性状方面与原始品种相同。

（十一）已知品种是指已受理申请或者已通过品种审定、品种登记、新品种保护，或者已经销售、推广的植物品种。

（十二）标签是指印制、粘贴、固定或者附着在种子、种子包装物表面的特定图案及文字说明。

第九十一条　国家加强中药材种质资源保护，支持开展中药材育种科学技术研究。

草种、烟草种、中药材种、食用菌菌种的种质资源管理和选育、生产经营、管理等活动，参照本法执行。

第九十二条　本法自 2016 年 1 月 1 日起施行。

关于《中华人民共和国种子法（修正草案）》的说明

——2021年8月17日在第十三届全国人民代表大会常务委员会第三十次会议上

全国人大农业与农村委员会副主任委员　刘振伟

委员长、各位副委员长、秘书长、各位委员：

我受全国人大农业与农村委员会委托，就《中华人民共和国种子法（修正草案）》的有关问题作说明。

一、为什么修改种子法

种子是发展现代农业，保障国家粮食安全的基础。建立激励和保护原始创新的种业法律制度，是"打好种业翻身仗"的关键。党中央、国务院高度重视种业发展和知识产权保护。习近平总书记指出，"创新是引领发展的第一动力，保护知识产权就是保护创新。"

"要下决心把我国种业搞上去，抓紧培育具有自主知识产权的优良品种，从源头上保障国家粮食安全。""实现种业科技自强自立、种源自主可控。"2020年中央经济工作会议、中央农村工作会议提出，要大力推动自主创新，保护知识产权，打好种业翻身仗。今年7月9日，中央全面深化改革委员会第二十次会议审议通过《种业振兴行动方案》，将修改种子法列为重点任务，会议强调，推进种业振兴，加强知识产权保护，优化营商环境，要综合运用法律、经济、技术、行政等多种手段，推行全链条、全流程监管，对假冒伪劣、套牌侵权等突出问题要重拳出击，让侵权者付出沉重代价。

2015年修订的种子法，对植物新品种的授权条件、授权原则、品种命名、权利范围及例外、强制许可等作了规范，将植物新品种知识产权保护从行政法规上升到法律层次，为保护育种者合法权益、促进种业创新发展提供了法治保障。但总体上看，我国种业知识产权保护还有短板弱项，国内主要粮食作物品种中修饰性品种比较多，一些品种繁育停留在对主要推广品种和核心亲本的修饰改良上，导致品种遗传基础窄，审定品种多但突破性品种少，同质化问题比较突出，难以适应加强植物新品种知识产权保护、激励育种原始创新、保障粮食安全的新形势。因此，亟需对种子法进行修改，扩大植物新品种知识产权权利保护范围，延伸保护环节，提高保护水平，加大保护力度，用制度导向激发原始创新活力。

从今年3月开始,全国人大农业与农村委员会牵头启动了修改种子法工作,全国人大常委会法工委、农业农村部、国家林业和草原局、司法部、国家知识产权局等部门参与。起草组深入调查研究,广泛征求国务院有关部门、种子企业及专家意见,召开评估论证会,反复研究,形成了种子法修正草案。

二、修改的主要内容

一是扩大植物新品种权的保护范围及保护环节。为了加强植物新品种知识产权保护,维护品种权人的合法权益,借鉴国际通行做法,草案扩大了植物新品种权的保护范围及保护环节,将保护范围由授权品种的繁殖材料延伸到收获材料,将保护环节由生产、繁殖、销售扩展到生产、繁殖、加工(为繁殖进行的种子处理)、许诺销售、销售、进口、出口、储存等。草案体现权利一次用尽原则,植物新品种权所有人对繁殖材料已有合理机会行使其权利,不再对收获材料行使权利。(第三条)

二是建立实质性派生品种制度。为激励育种原始创新,从源头上解决种子同质化严重问题,草案建立实质性派生品种制度,明确实质性派生品种可以申请植物新品种权,并可以获得授权,但对其以商业为目的利用时,应当征得原始品种的植物新品种权所有人的同意。在国际植物新品种保护联盟77个成员中,有68个已经实行这一制度。鉴于实施这一制度是循序渐进的过程，草案作出授权性规定，实质性派生品种实施名录及判定指南等，由国务院农业农村、林业草原主管部门依照本法及有关法律确定。自实质性派生品种实施名录发布之日起申请的植物新品种，按照实质性派生品种相关制度管理，不溯及既往。（第三条）

三是完善侵权赔偿制度。为提高对侵害植物新品种权行为的威慑力，加大了惩罚性赔偿数额，对权利人的损失或侵权人获得的利益或品种权许可使用费可以确定数额的，将赔偿数额的上限由三倍提高到五倍，难以确定数额的，将赔偿限额由三百万元提高到五百万元。为保护种子市场正常交易，增加侵权人合法来源抗辩条款。草案规定，不知道是未经植物新品种权所有人许可的授权品种的繁殖材料或者收获材料，能证明该繁殖材料或者收获材料具有合法来源的，不承担赔偿责任。（第八条）

四是完善法律责任。为强化对种子生产特别是果树种苗生产检验、检疫的管理，防止携带疫病果树种苗流入市场，草案明确，不具有繁殖种子的隔离和培育条件，不具有无检疫性有害生物的种子生产地点或者县级以上人民政府林业草原主管部门确定的采种林从事种子生产，未执行种子检验、检疫规程生产种子的，追究法律责任。（第九条）

今年4月26日，全国人大常委会第二十八次会议审议了国务院提出的《〈中华人民共和国道路交通安全法〉等9部法律的修正案（草案）》，其中种子法修改主要针对"放管服"改革，对林木种子有关行政许可事项作出调整。经与宪法和法律委员会研究，将上述修正案涉及种子法的内容与农业与农村委员会提出的修正草案合并，提交全国人大常委会继续审议。

此外，草案还对有关条款作了文字修改。

《中华人民共和国种子法（修正草案）》和以上说明是否妥当，请审议。

全国人民代表大会宪法和法律委员会关于《中华人民共和国种子法(修正草案)》审议结果的报告

全国人民代表大会常务委员会：

  常委会第三十次会议对种子法修正草案进行了初次审议。会后，常委会办公厅就修正草案有关问题征求国务院办公厅意见。法制工作委员会将修正草案印发部分省（区、市）人大、中央有关部门和基层立法联系点、全国人大代表、研究机构等征求意见；在中国人大网全文公布修正草案，征求社会公众意见。宪法和法律委员会、农业与农村委员会、法制工作委员会联合召开座谈会，听取中央有关部门、基层立法联系点、全国人大代表、专家学者、基层执法机构、行业协会和种子企业等对修正草案的意见；宪法和法律委员会、法制工作委员会到北京调研，听取意见；并就修正草案的有关问题同有关方面交换意见，共同研究。宪法和法律委员会于11月11日召开会议，根据委员长会议精神、常委会组成人员审议意见和各方面的意见，对修正草案进行了逐条审议。农业与农村委员会、最高人民法院、司法部、农业农村部、国家林业和草原局有关负责同志列席了会议。根据委员长会议精神，宪法和法律委员会还组织召开种子法修改专题座谈会，听取有关部门和专家意见。11月30日，宪法和法律委员会召开会议，再次进行了审议。宪法和法律委员会认为，为贯彻落实党中央决策部署，推动种业"放管服"改革，强化种业知识产权保护，支持种业科学技术研究，进一步推进种业振兴，修改本法是必要的，修正草案经过审议修改，已经比较成熟。同时，提出以下主要修改意见：

一、有的常委会组成人员建议，贯彻党中央、国务院种业振兴有关文件精神，充实关于加强种业科学技术研究、种质资源保护等方面的规定。宪法和法律委员会经研究，建议增加以下规定：一是，在第一条中增加"加强种业科学技术研究"。二是，在现行种子法有关种质资源收集等规定基础上，增加规定，重点收集珍稀、濒危、特有资源和特色地方品种。三是，在有关条款中增加支持生物育种技术研究，鼓励种子企业与科研院所及高等院校开展主要粮食作物、重要经济作物育种攻关的内容。四是，增加保障育种科研设施用地合理需求的内容。

二、修正草案第二条、第四条规定，对于报经国务院农业农村主管部门批准的相关事项，应当先经省级农业农村主管部门审核。有的常委委员提出，省级农业农村主管部门的审核属于方便申请人提交申请材料的程序，不属于行政许可，建议予以明确。宪法和法律委员会经研究，建议将有关内容修改为：国务院农业农村、林业草原主管部门可以委托省、自治区、直辖市人民政府农业农村、林业草原主管部门接收申请材料。

三、有的常委会组成人员建议，进一步加强对植物新品种权所有人合法权益的保护。宪法和法律委员会经研究，建议对草案作以下修改：一是，明确品种权所有人有权按照许可合同约定通过提成等方式收取使用费，以从种子推广经营中获得长期收益，增加规定，植物新品种权所有人可以将植物新品种权许可他人实施，并按照合同约定收取许可使用费；许可使用费可以采取固定价款、从推广收益中提成等方式收取。二是，考虑到植物新品种权侵权行为的认定技术性强，比较复杂，拟删去修正草案第八条中关于行为人能证明合法来源不承担赔偿责任的规定，可由人民法院在案件审理中具体处理。

四、修正草案第三条中规定，实质性派生品种实施名录及判定指南等，由国务院农业农村、林业草原主管部门依照本法及有关法律确定；自实质性派生品种实施名录发布之日起申请的植物新品种，按照实质性派生品种相关制度管理。有的常委委员和地方提出，党中央、国务院种业振兴和知识产权保护有关文件提出要及时修订植物新品种保护条例，建议由国务院在修改该条例时对实质性派生品种制度作出具体规定。宪法和法律委员会经研究，建议将上述规定修改为：实质性派生品种保护的实施步骤和办法由国务院规定。

五、有的常委会组成人员建议，进一步加大对假、劣种子的处罚力度。宪法和法律委员会经研究，建议将生产经营假种子行为的有关罚款数额由"一万元以上十万元以下"提高到"五万元以上五十万元以下"；将生产经营劣种子行为的有关罚款数额由"五千元以上五万元以下"提高到"二万元以上十万元以下"。

此外，还对修正草案作了一些文字修改。

11月19日，法制工作委员会召开会议，邀请部分全国人大代表、专家学者、基层立法联系点、种子企业、基层干部等，就草案主要内容的可行性、法律出台时机、法律实施的社会效果和可能出现的问题等进行评估。普遍认为，草案贯彻落实党中央决策部署，加强植物新品种权保护，支持种业科学技术研究，调整部分行政审批事项，主要内容的针对性和可操作性较强，是可行的，建议尽快通过实施。与会人员还对草案提出了一些具体修改意见，有的意见已经采纳。

宪法和法律委员会已按上述意见提出了全国人民代

表大会常务委员会关于修改《中华人民共和国种子法》的决定（草案），建议提请本次常委会会议审议通过。

修改决定草案和以上报告是否妥当，请审议。

全国人民代表大会宪法和法律委员会
2021 年 12 月 20 日

全国人民代表大会宪法和法律委员会关于《全国人民代表大会常务委员会关于修改〈中华人民共和国种子法〉的决定(草案)》修改意见的报告

全国人民代表大会常务委员会：

本次常委会会议于12月21日上午对关于修改种子法的决定草案进行了分组审议。普遍认为，修改决定草案已经比较成熟，建议进一步修改后，提请本次常委会会议表决通过。同时，有些常委会组成人员和列席人员还提出了一些修改意见和建议。宪法和法律委员会于12月21日晚召开会议，逐条研究了常委会组成人员和列席人员的审议意见，对修改决定草案进行了审议。农业与农村委员会、最高人民法院、农业农村部、国家林业和草原局有关负责同志列席了会议。宪法和法律委员会认为，修改决定草案是可行的，同时，提出以下修改意见：

一、有的常委会组成人员建议，对加强种子规范化生产、提高种子质量提出明确要求。宪法和法律委员会经研究，建议将现行种子法第三十四条修改为：种子生产应当执行种子生产技术规程和种子检验、检疫规程，保证种子符合净度、纯度、发芽率等质量要求和检疫要求。县级以上人民政府农业农村、林业草原主管部门应当指导、支持种子生产经营者采用先进的种子生产技术，改进生产工艺，提高种子质量。

二、有的常委委员建议，对生产经营假种子行为按货值金额倍数处罚的起算标准作适当调整，进一步体现从严处罚的精神。宪法和法律委员会经研究，建议将上述起算标准由货值金额"五万元"改为"二万元"。

经与有关部门研究，建议将本决定的施行时间确定为2022年3月1日。

此外，根据常委会组成人员的审议意见，还对修改决定草案作了个别文字修改。

修改决定草案修改稿已按上述意见作了修改，宪法和法律委员会建议本次常委会会议审议通过。

修改决定草案修改稿和以上报告是否妥当，请审议。

全国人民代表大会宪法和法律委员会
2021年12月24日